LE
SAVETIER JOYEUX,
OPERA-COMIQUE EN UN ACTE.

Par M. FAUCHARD-DE GRAND-MÊNIL.

Le prix est de 24 sols.

A PARIS,
Chez PRAULT Fils, Libraire, Quai de Conty, à la Charité.

M DCC. LIX.
Avec Approbation & Permission.

PERSONNAGES.

TALON,	Juré *Savetier.*
Mad. REMORDS,	*vieille Demoiselle.*
COTERET,	*Fruitiere.*
PERETTE,	*Fille de Coteret.*
LA RAMÉE,	*Soldat.*
LESCARPIN,	*autre Savetier.*
SILENCE,	*Commissaire.*
UN CLERC,	*du Commissaire.*
SOUFLET,	*Huissier.*

TROIS LAQUAIS de Madame Remords.

La Scene est où l'on veut.

LE SAVETIER JOYEUX,

OPERA-COMIQUE EN UN ACTE.

Le Théâtre repréſente une place : d'un côté eſt la Boutique de Talon, de l'autre la maiſon de Madame Remords.

SCENE PREMIERE.

TALON *travaille en chantant différens couplets.*

AIR : *Malgré la bataille.*

TAPANT la ſavate,
Songeons à Gothon,
Son minois d'écarlate
Efface Cupidon,
Toute la nuit je grille,
Et dès le point du jour,

J'avale une roquille
A la ſanté d'l'Amour.

Lorſque la tempête,
Du maudit chagrin,
S'éleve en ma tête
Je penſe à Catin;
Ses yeux, ſa gorgerette,
Enfin, tout ce qu'elle a,
Apporte la recette
Au tourment que j'ai là.

C'eſt une jolie choſe que la joie: auſſi ſuis-je un luron qui en ai toujours bonne proviſion. Mais, voyez un peu ce que c'eſt que la jalouſie. Madame Remords, riche & vieille Demoiſelle du voiſinage, qui n'a pas été triſte dans ſon jeune tems, enrage de me voir de bonne humeur. Tout Savetier que je ſuis, j'ai déjà eu plus de trente ambaſſades de ſa part. Aujourd'hui elle m'a fait l'honneur de me faire avertir qu'elle y perdroit ſon bien, ou qu'elle me feroit taire. Ah! ah! je ſuis, comme on dit, bon cheval de trompette, je ne m'épouvante pas du bruit.

AIR : *Je ſuis Madelon Friquet.*

Quand je tiens mon flageolet,
Et ma linotte ou ma Perette
Je ſuis toujours guilleret,
Que le reſte aille au barniquet;
Boire & chanter ſoir & matin,
C'eſt la deviſe

Que j'ai priſe:
Voilà mon refrain
Divin.
Quand je tiens mon flageolet, &c.

(*Ridiculement.*)

AIR: *Quel voile importun nous couvre.*

Dieu d'Amour répands ta flamme,
Ranimes l'Amant
Qui cauſe mon tourment:
Que pour moi ſon cœur s'enflamme....

SCENE II.

TALON, SOUFLET.

SOUFLET.

N'EST-CE pas ici Monſieur Talon?

TALON.

Oui, Monſieur, Maître Savetier à Paris.

SOUFLET.

J'en ſuis fort aiſe.

TALON.

Monſieur, je ſuis perſuadé de votre bon cœur. Y a-t-il quelque choſe pour votre ſervice?

SOUFLET.

C'eſt un petit Commandement que j'ai à vous donner, de la part d'une Dame.

TALON.

Monſieur, je n'ai pas l'honneur de travailler pour femmes.

SOUFLET.

Jettez un coup d'œil là-deſſus, vous verrez de quoi il eſt queſtion.

TALON.

Monſieur, je ne ſçais pas encore lire, ſi vous vouliez avoir la complaiſance...

SOUFLET.

Volontiers. (*Il lit.*) L'an mil ſept cent, &c. à la Requête de Demoiſelle Magdelene-Anne Remords, fille majeure...

TALON.

Ah j'y ſuis!

SOUFLET.

Dame de Radote, & autres Lieux, pour laquelle &c. j'ai, Touſſaint Souflet, ſouſſigné, fait Commandement au Sieur Crépin Talon, Maître Savetier à Paris, & Juré de ſa Communauté, de préſentement & ſans délai, finir le ſabat qu'il ne ceſſe de faire tous les jours, par lequel les voiſins ſont grandement incommodés, & en particulier la demandereſſe, à qui le bruit eſt & a été funeſte, lequel Sieur Talon a été de ſe taire refuſant.....

TALON.

Et depuis que vous parlez, je n'ai pas ſoufflé le mot.

SOUFLET.

Tout cela eſt de ſtyle.

TALON.

Ah! c'eſt-à-dire que ce n'eſt pas vous qui mentez, c'eſt le ſtyle.

SOUFLET.

Oui... pour lequel refus....

TALON.

Ah ce n'eſt pas la peine. M. Souflet, ſi le menſonge eſt de ſtyle, ſachez que la joie eſt d'habitude.

SOUFLET.

Mais entre nous, Madame Remords eſt une femme comme il faut, & vous n'êtes qu'un Savetier.

TALON.

Parbleu! je ſuis comme il faut auſſi, moi. Puiſque vous voulez parler de métier, je vous dirai tout net que je fais autant de cas du mien que du vôtre. Vous faites de mauvais complimens à votre prochain, vous travaillez à le faire aller nuds pieds, & moi je le chauſſe: vous êtes toujours de mauvaiſe humeur, & moi je ſuis gaillard.

AIR *Italien du Ballet des Artiſans.*

Monſieur Souflet,
Tenés, tout net,
R'gardés mon encolure.
J'ſis un compere,
Qui dans c't'affaire (*le menaçant du poing.*)
Vaut un Céſar,
R'tir'toi d'l'à, car
J'te cas'rai la figure.

SOUFLET.

Quoi! ſur ma face,
Avoir l'audace...

TALON. (*lui donnant un ſouflet.*)

V'là le paquet.

SOUFLET,

C'eſt fort bien fait,
Je vous quitte la place.

TALON.

Si ça t'fait aiſe,
Pour que ça t'plaiſe,
Ce bâton là
Te r'conduira.

SOUFLET.

Ahi, ahi, ahi, ahi, ahi, ahi, ahi!

SCENE

SCENE III.

TALON *seul.*

AH ! parbleu celui-là n'est pas mauvais, voilà donc le coup d'essai de Madame Remords ? Morgué, j'li ferai bien voir que je me moque d'elle & de son Souflet.

AIR : *Lon lan la deriri.*

Quand une femme a fouré-là,
Queuqu'un en gripe, après-cela
Faut avoir bonne tête
Pour qu'on n'ait pas le démenti.
Lon lan là deriri.

Parsambleu, Madame Remords ;
Envers vous je n'ons aucuns torts ;
Vous étiez guillerette,
Et chacun a son tour ici.
Lon lan là deriri.

(*Il se remet à l'ouvrage.*)

AIR : *Travaillons, travaillons d'un bon courage.*

Travaillons, travaillons d'un bon courage,
Ça fait aller le ménage,
Le Dimanche l'on voyage,
Ça donne cœur à l'ouvrage.

On ribote un peu le Lundi,
On prend Fanchon & la bouteille,
On revient yvre le Mardi,
On ronfle à merveille.

SCENE IV.

TALON, COTERET.

TALON.

AH! bon jour, ma Commere Coteret.

COTERET.

Bon jour mon Compere.

TALON.

Eh! bien morgué, quand est-ce que je serons donc votre gendre?

COTERET.

Je vous ai déjà dit mon Compere, qu'drèsque vous aurez quatre-cent francs d'argent comptant, je vous baillerons tout de suite notre fille en mariage.

TALON.

Jarni j'avons déjà vingt écus, c'est toujours çà.

COTERET.

Faut prendre patience, mon Compere, avec le tems vous arriverez au but.

TALON.

AIR : *Avec un air de myſtere.*

Quand j'aurons cheux nous Perette,
Oh qu'eu plaiſir ce ſera !
Jour & nuit, pour c'te poulette,
Mon petit cœur danſera.

Quand j'aurons &c.

COTERET.

Vous n'auriez pas vu M. La Ramée, par hazard ?

TALON.

Non, pourquoi faire ?

COTERET.

C'eſt que la falourde me manque, je voulois l'envoyer au bois.

TALON.

Je ne l'ai pas vu depuis déjeûner. Mais, quand donc que je le verrai, mon biau-pere futur ?

COTERET.

Oh ! donnez-nous le tems.

TALON.

C'eſt un beau ſoldat au moins.

COTERET.

Oui, mais c'eſt un bel yvrogne. Nous terminerons quand il ſera un peu plus raſſis ; j'en ferons meilleur ménage, il faut, comme on dit, reculer pour mieux ſauter.

SCENE V.

COTERET, TALON, PERETTE.

PERETTE.

MA mere, v'l'a le Poſtillon de Madame Remords qui ſort de chez nous, il dit comme çà, qu'elle va aller faire ſa plainte chez un Commiſſaire au ſujet du bruit que fait M. Talon.

COTERET.

Bon ?

PERETTE.

Oui, & que c'eſt un Huiſſier qui lui a conſeillé cela après s'être fait payer d'un Commandement inutile qu'il avoit fait.

COTERET.

Il n'y a qu'à la laiſſer dire.

TALON.

Morgué, ſi un Charbonnier eſt maître dans ſa maiſon, un Maître Juré Savetier doit l'être à plus forte raiſon. Çà parle tout ſeul.

COTERET.

Allez, allez mon Compere, moquez-vous de cela, ſoyez toujours de bonne humeur.

TALON.

Jarni ma Commere, tenez, maintenant que je vois ma petite amoureuſe, il m'en reprend un ſurcroît.

AIR : *Adieu donc, Dame Françoiſe.*

Quand j'te vois, belle Perette,
Morgué je ſuis comme un fou ;
Jarni, mon petit bijou,
Quand la noce ſera faite,
Pour contenter ton eſpoir,
Je mettrons mon pouvoir
A te faire ma brunette ...
Rire du matin au ſoir.

SCENE VI.

Mad. REMORDS, TALON, COTERET, PERETTE.

Mad. REMORDS.

PARLES donc, Coquin, tu prétends donc briſer ma pauvre tête tous les jours, & que je n'en ferai que rire ? Je t'avertis que ſi tu continues ton ſabat, je te ferai mettre à Bicêtre.

COTERET.

Allons donc, Madame, on n'y met que des fous, c'eſt de la graine de niais.

TALON.

Madame, je ſuis bien mortifié de ne pouvoir pas vous tenir compagnie plus longtems. Voici une paire de ſouliers auxquels j'ai mis deux bouts, il faut que je les reporte au Carouſel, je ſuis votre ſerviteur.

(*Perette ſort avec Talon.*)

SCENE VII.

Mad. REMORDS, COTERET.

Mad. REMORDS.

DEPUIS que ce Coquin là s'eſt établi ici, le mal de tête s'eſt répandu dans tout le quartier.

COTERET.

Coquin?

AIR: *En amour, on ne rend point raiſon.*

Monſieur Talon eſt homme d'honneur,
Ne barbouillez pas ſon innocence,
S'il eſt joyeux, c'eſt un grand bonheur;
Chacun agit ici comme il penſe.
J'aimerois mieux être de bonne humeur
Que d'être hagarde.

Mad. REMORDS.

Tais toi, babillarde.

COTERET.

Si vous m'insultez, ah! jarni-cotillon,
Je vous torcherai de la bonne façon.

Mad. REMORDS.

Tu me fraperas?

COTERET.

Morgué, n'en doutez pas.
Je vous le répete encore à votre face,
Je vous montrerai ce que pese mon bras:
Morgué, je suis un Démon, quand on m'agace.

Mad. REMORDS.

Tu me le payeras.

COTERET.

Je ne vous crains pas,
Vieille radoteuse.

Mad. REMORDS.

Je suis furieuse;
Tiens, tu têteras un peu de mon bâton.

COTERET.

Jarni, prenez garde à votre vieux menton.

SCENE VIII.

Mad. REMORDS, COTERET, LA RAMÉE.

LA RAMÉE.

Eh bien ! eh bien ! eh bien ! qu'eſt-ce qu'il y a donc là ? Bellement donc, s'il vous plaît.

COTERET.

Laiſſez-moi, M. La Ramée, que je cogne cette vieille ſavate-là.

Mad. REMORDS.

Savate ! ſavate ! vous l'entendez ; cette coquine-là m'inſulte toujours.

LA RAMÉE.

Ah çà, queſt-ce que tout cela veut donc dire ?

COTERET.

Imaginez-vous, M. La Ramée, que cette vieille chouëte-là veut empêcher M. Talon de chanter.

LA RAMÉE.

Et pour quelle raiſon ?

Mad. REMORDS.

Mad. REMORDS.

Parce qu'il m'étourdit la tête.

COTERET.

Elle vient ici m'accabler de ſottiſes.

Mad. REMORDS.

Moi, des ſottiſes ?

COTERET.

Elle dit que je ſuis une babillarde, que M. Talon eſt un coquin.

LA RAMÉE.

Pourquoi donc cela ?

Mad. REMORDS.

Parce qu'il m'aſſaſſine tous les jours.

LA RAMÉE.

Vous avez donc la vie bien chevillée dans le corps ; allez, Madame Remords, apprenez qu'on ne doit point inſulter de galantes gens, vous feriez mieux de vous retirer chez vous.

Mad. REMORDS.

Oui, je me retire, mais je t'avertis, coquine, que tu me le payeras tôt ou tard : que ton maudit Talon faſſe encore du bruit, tu verras.

LA RAMÉE.

Marchez toujours, allez boire un coup, ça vous racommodera la gorge.

SCENE IX.

COTERET, LA RAMÉE.

LA RAMÉE.

PARGUÉ, Madame Coteret, vous êtes bien bonne de vouloir rosser cela.

COTERET.

Imaginez-vous, M. La Ramée, que cette sempiternelle-là vient s'en prendre à moi, comme si je pouvois mettre un mors dans la bouche à M. Talon.

LA RAMÉE.

Bon ! si j'étois de vous, je le ferois gueuler encore plus fort.

COTERET.

Attendez un peu, mais qu'il soit revenu, je m'en vas l'y faire donner une aubade. Justement le v'là.

SCENE X.

COTERET, LA RAMÉE, TALON.

TALON.

OUI, me v'là. Eh bien! qu'est-ce qu'il y a de nouveau?

LA RAMÉE.

Il y a, mon ami, que je viens de séparer Madame Remords & Madame Coteret qui alloient se battre en duel.

TALON.

Bon!

COTERET.

Imaginez-vous, mon Compere, qu'elle a voulu me donner des coups de canne.

TALON.

Eh bien! me l'avez-vous un peu étrillée?

COTERET.

Si M. La Ramée n'avoit pas mis le hola...

LA RAMÉE.

Oh! il y avoit du sang de répandu.

COTERET.

Ah çà, je vous en prie, mon Compere, par amitié pour moi, donnons lui un plat de votre métier par les oreilles.

TALON.

Ah! pargué volontiers, allons, commençons.

TRIO. (*Sous les fenêtres de Mad. Remords.*)

AIR : *Où cours-tu donc, arrête Mathuraine.*

Chantons l'Amour, Bacchus & la folie,
Tout nous y convie,
Disoit à Catin
Le bon vivant Lubin.
Versons, choquons; haut le coude ma chere;
Faisons bonne chere,
Gobons le plaisir,
Et foin de l'avenir.

Tout, ici bas, passe comme un nuage.
Jarni, queu domage!
Répondoit Catin,
Lampant un verre d'vin.
Recommençons, c'est la bonne maniere,
Puis, tournant visiere,
La Belle ronfla,
Lubin la réveilla.

Que faites-vous, dit la Belle endormie?
Allons, gai ma mie,

S'écrioit Lubin,
Tu dormiras demain.
Chantons l'Amour, Bacchus & la folie,
Tout nous y convie,
Gobons le plaisir,
Et foin de l'avenir.

Ils se prennent par la main & dansent.

AIR : *Des Pantins.*

Chantons & dansons en rond,
Donnez la main ma Commere;
Chantons & dansons en rond,
Faisons treve à la raison.
Allons le pas d'rigaudon,
Nous n'avons point de violon;
Mais nos gueules,
Elles seules,
Font assez de carillon.

Chantons & dansons en rond, &c.

SCENE XI.

TALON, COTERET, LA RAMÉE,

Mad. REMORDS.

Mad. Remords vient avec trois Laquais qui abattent la Boutique de Talon.

Mad. REMORDS, *aux Laquais.*

ALLONS, courage mes amis, abattez-moi la loge de cet aboyeur-là. (*Elle donne des coups de canne à Talon.*) Tiens, voilà pour toi, coquin.

TALON, *à Mad. Remords.*

Comment des coups de canne ! fi donc, çà ne vaut rien. (*Il la prend par le bras, & la fait danser.*) Là, là, là, là, là.

Mad. REMORDS, *en dansant.*

Ah coquin ! ah misérable ! tu me le payeras.

TALON.

Eh bien ! quoi ? est-ce que vous voulez me battre absolument ? Eh bien ! battez, je m'en moque.

(*Tandis que Mad. Remords le bat, il chante.*)

Mad. REMORDS.

Tant que je voudrois t'assommer.

TALON.

Ah çà, quand vous voudrez finir, vous le direz. (*Mad. Remords le bat, & il continue de chanter.*)

LA RAMÉE.

Pendant ce jeu, La Ramée & Coteret battent les deux Laquais qui se sauvent en criant, La Ramée vient ensuite au troisième Laquais qui abat la Boutique.

A nous deux maintenant.

LE LAQUAIS.

Ahi, ahi, ahi, ahi!

COTERET, *à Mad. Remords.*

Ah! jarni, vous la payerez, ou j'y perdrai mon latin.

LA RAMÉE (*montre à Talon sa Boutique.*

Tiens, tout est au diable.

TALON.

Ah! miséricorde.

Mad. REMORDS. (*En s'en allant.*)

Cela vous apprendra, canailles, à venir m'étourdir & à vous moquer d'une Femme comme moi.

COTERET.

Allez, marchez, marchez, nous allons voir beau jeu tout à l'heure.

SCENE XII.

TALON, LA RAMÉE, COTERET.

LA RAMÉE.

JARNI, je les ai bien étrillés toujours.

TALON.

Avec tout cela, voilà ma Boutique en bringues.

LA RAMÉE.

Enfin, mon ami, on ne gagne point de batailles qu'il n'en coûte toujours quelque chose.

COTERET.

Allons, faut aller de ce pas chez M. le Commissaire Silence; je l'i fournis de la salade tous les jours; il a biaucoup de considération pour moi, venez avec moi, M. La Ramée.

LA RAMÉE.

Volontiers : attens nous-là; je sommes à toi tout à l'heure.

SCENE

SCENE XIII.

TALON *seul.*

AIR : *Me promenant près du logis.*

ME v'là bien inventorié :
Tout est à bas, rien n'est payé.
Pauvre Talon,
Pauvre Talon,
Que de fracas!
Pauvre Talon,
Quel embarras!
Que de fracas!

Ce coup m'accable,
Misérable,
Monstre abominable,
Attends, quelque jour
Tu rôtiras chez le Diable
Pour m'avoir joué ce tour.

Pauvre Talon, &c.

Plus de Boutique,
Adieu musique,
Çà me porte au cœur.
Jarni, queu malheur !
Je suis tondu.
Me v'là perdu,

Me v'là perdu,
Me v'là perdu.
Tout eſt à bas, rien n'eſt payé;
Me v'là bien inventorié.
Pauvre Talon,
Pauvre Talon,
Que de fracas!
Pauvre Talon,
Quel embarras!
Que de fracas!
Quel embarras!

SCENE XIV.

TALON, COTERET, LA RAMÉE, SILENCE & *ſon Clerc.*

COTERET.

En vérité, M. Silence, c'eſt comme j'avons l'honneur de vous le dire.

AIR : *Du Prévôt des Marchands.*

Voilà ſon pauvre gagne-pain;
Regardez un peu queu chagrin.

TALON.

Morgué, Monſieur le Commiſſaire;
Çà me coupe caſi le cou,

SILENCE.

Allez, je ſuivrai cette affaire;

LA RAMÉE.

N'épargnez point ce Loup-garou.

SILENCE *à ſon Clerc.*

Allons, écrivons : L'an mil ſept cent, &c.

SCENE XV.

Mad. REMORDS, *à ſa fenêtre, & les Acteurs précédens.*

AH les canailles ! les voilà avec un Commiſſaire ; ils vont lui faire accroire que des veſſies ſont des lanternes, deſcendons voir cela.

SILENCE (*à Talon.*)

Comment vous nommez-vous ?

TALON.

Crépin Talon, Monſieur, pour vous ſervir.

SILENCE.

Eſt comparu Crépin Talon.....

Mad. REMORDS.

Un moment, un moment: je comparois auſſi moi. Que chacun diſe ſes raiſons.

Mad. REMORDS. COTERET.

parlent ensemble.

Mad. REMORDS.	COTERET.
Imaginez-vous, M. le Commissaire, que ce maudit Savetier braille, depuis le matin jusqu'au soir. Il n'a pas plutôt fini une chanson, qu'il en recommence une autre. Je ne sçais pas comment son gosier peut y sufire. On devroit bannir un gueux comme cela; c'est une peste dans une ville; çà laisse la migraine partout où çà passe.	Si vous l'écoutez, elle va vous en dire de belles. Elle n'est non plus chiche de mensonge, que de méchanceté. Il suffit de vous apprendre qu'elle a le cerveau si foible, que l'on ne peut pas éternuer qu'elle n'y trouve à redire. Quand on est si sensible, on doit se faire calfater les oreilles.

SILENCE.

Mesdames, Mesdames, morbleu, paix donc. Votre sabat détourneroit un orage. (*à Perette*) Vous m'avez dit toutes vos raisons, permettez moi d'entendre celles de Madame.

Mad. REMORDS.

Sans doute.

SILENCE *à Mad. Remords.*

Auparavant, permettez-moi de vous observer, Madame, que j'ai l'ouie tout aussi tendre que vous.

Mad. REMORDS.

AIR: *Grace à vous, je vais devenir Pere.*

Vous sçaurez, Monsieur le Commissaire,

Que ce coquin, que vous voyez-là,
Fait cent fois plus de bruit qu'un tonnerre,
Je crois qu'il eſt payé pour cela,
Pour mettre fin au ſabat,
J'ai culbuté ſon grabat,
Voilà tout le débat.

TALON.

Je m'en rapporte à votre ſentence.

SILENCE.

Vous Madame, en faites-vous autant?

Mad. REMORDS.

Prononcez ſuivant la conſcience;
J'y paſſe...

SILENCE.

Payez donc à l'inſtant
Douze écus pour ce délit.

Mad. REMORDS.

Ah! je crêve de dépit.

TALON, LA RAMÉE, COTERET.

Bien dit, c'eſt fort bien dit.

Mad. REMORDS *tirant ſa bourſe.*

AIR: *Sans l'Amour & ſans ſes charmes.*

Les battus payent l'amende.

COTERET.

Jarni, c'eſt bien malheureux.

à Talon.

Allez, recevez l'offrande.

TALON.

Çà me rend le cœur joyeux.

Mad. REMORDS.

Tu mériterois qu'en place, (*lui donnant de*
On t'assommât sur la place. *l'argent.*)

TALON.

Çà ne seroit pas amoureux.

Mad. REMORDS.

Les battus payent l'amende.

COTERET.

J'arni, c'est bien malheureux;

TALON.

Palsanguenne cette offrande
M'a rendu le cœur joyeux.

SILENCE.

AIR : *La nuit dans les bras du repos.*

A la fin, vous êtes contens.

TALON.

Grand-marci de votre ordonnance.

SILENCE.

Vivez tranquilles, mes enfans.

Mad. REMORDS.

Qu'il ait un peu de complaisance.
Son gosier de perroquet,
Met à bout ma patience.

à Talon.

Chante, par heure, un couplet.

TALON.

Je crêverois comme un mousquet.

SILENCE.

Allons, tâchez de vous accorder, je vous souhaite le bon jour; sur-tout plus de batailles, car je n'aime point le bruit.

COTERET.

Adieu, M. Silence. Vous, M. La Ramée, je vous en prie, allez faire un petit tour à ma Boutique, car j'ai affaire ici.

LA RAMÉE.

Volontiers. Jusqu'au revoir.

SCENE XVI.

TALON, COTERET,

Mad. REMORDS.

AIR : *A dépeupler la terre entiere.*

Mad. REMORDS.

Tu veux donc que pour l'autre monde
Je parte avant qu'il soit un mois.

TALON.

Que voulez-vous que je réponde?

COTERET.

Allez cheux vous donner des loix.

TALON.

S'il falloit que je me refonde,
Morgué, je serois aux abois;
Ma foi, je me sers de ma voix.
Laissez chanter le monde.

COTERET.

Faut donner le cours à nature;
N'est-il pas vrai, Monsieur Talon?
La vie, en ce monde, est trop dure.

TALON.

Commere vous avez raison,

Mad. REMORDS.

Ta gaieté devient trop féconde,
Ne peux-tu vivre qu'en criant ?

TALON.

Quand je chante, je suis content,
Comme un poisson dans l'onde.

Mad. REMORDS.

Enfin, si tu veux finir ton sabat, je te donnerai dix pistoles.

TALON.

Tenez, si j'acceptois votre argent, il faudroit que j'en profitasse bien vîte; car, avant qu'il soit huit jours, une réplétion de bonne humeur m'enverroit *ad patres*.

Mad. REMORDS.

Eh bien ! je te donne douze chansons à chanter par jours.

TALON.

Bon ! douze, la rouille se mettroit dans ma gorge.

Mad. REMORDS.

Combien me demandes-tu pour déloger d'ici ?

TALON.

Comment, déloger !

Mad. REMORDS.

Oui, car il faut que cela finisse; je sens que je n'y pourrois plus tenir.

TALON.

Ah diable! ce n'eſt pas une petite affaire que celle-là.

Mad. REMORDS.

Elle n'eſt pas ſi grande; comme tu es habile, tu trouveras de l'ouvrage par-tout.

COTERET.

Tenez bon, mon Compere.

TALON.

Vous avez bien de la bonté de reſte, mais vous ſentez bien qu'un homme public ne quitte pas comme cela ſon cabinet, qu'il ne lui en coûte beaucoup.

COTERET.

Pardi! ſans doute, depuis cinq ans qu'il eſt établi ici, il a bien fait des connoiſſances. C'eſt lui qui reſſemele, pour ainſi dire, tout le quartier

Mad. REMORDS.

Enfin, combien me demandes-tu?

TALON.

Ah çà, faut-il vous parler en conſcience?

Mad. REMORDS.

Sans doute, mon ami.

TALON.

Mais, çà vaut ſix cent francs comme un liard

Mad. REMORDS.

Six cent francs !

COTERET.

Pargué ! c'eſt encore parce que c'eſt vous, & qu'il veut vous traiter en voiſine.

Mad. REMORDS.

Tiens, finiſſons tout d'un coup, je t'en donnerai quatre cent.

TALON.

Ma foi, comme vous me paroiſſez raiſonnable aujourd'hui, je m'en vais vous parler naturellement. Voici ma Comere de qui j'aime la fille ; elle ne veut pas me la donner que je n'aie quatre cent francs comptans. J'accepte votre argent pour terminer l'affaire, vous ajouterez ce que vous voudrez pour les frais de noce.

Mad. REMORDS.

Tiens, voilà quatre cent francs en or, & voici ma bourſe pour le ſurplus, il y a environ deux louis dedans.

TALON, *tranſporté de joie.*

Ainſi ſoit-il, je prends ſans compter.

Mad. REMORDS.

Mais tu partiras aujourd'hui ?

TALON.

Ah ! je vous le promets.... Oh ! quen plaiſir...

Ah çà ! Madame Remords, ſoyez bonne juſqu'au bout. Je m'en vais ce ſoir, vous ſerez débarraſſée de moi, permettez-nous de nous réjouir de l'aubaine. Je creverai, ſi je ne chante.

Mad. REMORDS.

Encore du bruit ! non, non.

TALON & COTERET.

Ah ! Madame Remords.

COTERET.

Les premiers feux ſont violens. Faut bien faire un petit bout de noce.

Mad. REMORDS.

Pourvu que cela ne dure pas plus d'une heure.

TALON.

Oh ! non, non.

Mad. REMORDS.

A la bonne heure ; chante, danſe tout ton ſoû & vas t'en. Je te ſouhaite bon voyage.

SCENE XVII.

TALON, COTERET.

TALON.

AH ! ma Commere.

COTERET.

Tenez, mon Compere, l'envie de babiller me prend. Je n'y peux pas tenir. Je m'en vais avertir & vous amener toute notre bande joyeuse.

SCENE XVIII.

TALON.

AIR : *Paris est au Roi.*

JARNI, quel plaisir
Me fait tressaillir !
La fortune me rit,
Chantons jour & nuit.
Voyant le profit,
La voix s'embellit,
Tatigoi, que d'argent !
Vive le talent.

Ma Boutique,
Ma Manique
Produit un trop mince aloi,
Par ma fique,
La mufique
Vaut mieux qu'un corroi
Je fuis hors de moi.

Jarni, quel plaifir! &c.

AIR: *Amis vendangeux*.

Morguenne à préfent,
Je ferons le fandant,
J'ons des écus & ma Perette,
Ma fortune eft faite,
Je vivrons content.
Morguenne à préfent,
Je ferons le fandant.

SCENE XIX.

TALON, COTERET, PERETTE, LA RAMÉE.

COTERET.

ALLONS, réjouiffons-nous, mes enfans.

TALON.

A moi, mes amis!

LA RAMÉE *l'embrasse.*

Je te complimente, mon garçon.

COTERET.

Tiens, Compere, v'là ma fille.

TALON *embrasse Perette & Coteret.*

En vous remerciant, Commere; je m'en vas l'i bailler les arrhes de mon amour, & à vous de ma reconnoissance.

LA RAMÉE.

Pargué, Madame Coteret, pour rendre la fête plus grande, vous devriez bien me bailler aussi tout de suite votre personne en mariage.

COTERET.

Ah! jarni, v'là bien des baillemens, vous êtes encore trop yvrogne pour moi. Je vous l'ai déjà dit.

LA RAMÉE.

Ah! je ne me suis pas grisé depuis trois jours.

TALON.

Pardi, ma Commere, s'il boit, c'est qu'il a soif.

COTERET.

Ah! oui, mais c'est que moi, je n'aime pas les gens altérés, je vous en avertis.

PERETTE.

Ah! ma mere, il faut qu'aujourd'hui nous soyons tous contens.

COTERET.

S'il vouloit me jurer d'être plus ſage.

LA RAMÉE.

Oh ! je vous le jure, & vous le jurerai tant que vous voudrez.

COTERET (*donnant un ſouflet à la Ramée.*)

Allons, je le veux bien. Tiens, voilà ma main.

LA RAMÉE.

Oh, queu plaiſir !

TALON.

Allons, divertiſſons-nous.

COTERET.

Mon Compere, en vous quittant j'ai rencontré votre couſin Leſcarpin, à qui j'ai conté votre aventure. Il eſt allé nous chercher à la Halle, un eſcadron de vos Meſſieurs. Il nous apportera auſſi de quoi boire à la ſanté de Madame Remords. Ah ! le v'là.

SCENE

SCENE XXeme & *derniere.*

LESCARPIN & *les Acteurs précédens.*

TALON.

Eh! bon jour, Cousin.

LESCARPIN *l'embrasse.*

Bon jour, mon ami; t'est bien heureux. Je te félicite. Voilà de quoi boire en attendant le reste.

TALON.

Allons, à vous, Mesdames.

COTERET.

Buvez toujours, nous ne sommes pas pressées.

TALON.

Oui... à moi donc.

TALON, LA RAMÉE, LESCARPIN.

A votre santé, Madame Remords.

TRIO.

AIR : *Que tout ici se réunisse.*

Trinquons, trinquons, chers Camarades;
Bacchus ne boit que razades.
Imitons ce Dieu si charmant:
Vénus voudroit en faire autant;

Mais, Curpidon retient sa mere,
Crainte d'avoir seul à la fois
Trop de travaux dedans Cythere,
Cela le mettroit aux abois.

LA RAMÉE.

Ma foi, buvons un second coup, pour le second couplet.

TALON.

C'est bien dit.

Suite du Trio.

Le jour est au Dieu de la treille:
Jamais Curpidon ne sommeille.
Donnons donc à Bacchus le jour,
Réservons les nuits pour l'Amour.
Un noir bandeau toujours le couvre.
Il se plait dans l'obscurité;
Mais à tâtons, ce Dieu découvre
Le chemin de la volupté.

LA RAMÉE.

A boire à la musique.

COTERET.

Comment Diable, M. La Ramée, sçavez-vous bien que vous avez un beau filet.

LA RAMÉE.

Ah! si vous l'aviez entendu, il y a trois ou quatre ans, c'étoit bien autre chose, il est diminué des trois quarts.

PERETTE.

Ah mon Dieu ! comment avez-vous donc fait votre compte ?

LA RAMÉE.

C'eſt que comme j'étois fifre dans le Régiment, & que je paſſois pour toucher ce petit inſtrument-là un peu comme il faut, on m'a tant fait jouer dans des maiſons bourgeoiſes, que ça m'a perdu la poitrine.

PERETTE.

Diantres !

COTERET.

Ah ! v'là la bande joyeuſe. Place à ſa danſe.

Ballet de Savetier.

VAUDEVILLE.

LESCARPIN.

AIR : *De la bonne aventure.*

Le chagrin eſt un tourment,
Bien fou qui l'endure ;
Talon agit autrement,
Le bien lui vient en chantant ;
La bonne aventure
Oh gai !
La bonne aventure.

PERETTE.

Avoir Epoux ſombre & vieux
Eſt choſe bien dure;
Quand on prend Mari joyeux;
L'on dit ſouvent tous les deux,
La bonne aventure &c.

TALON.

Quand on cajole Fanfant,
La ſotte murmure;
Quand on pourſuit conſtamment
Elle dit, en ſoupirant,
La bonne aventure &c.

LA RAMÉE.

Un Cavalier pris de vin,
Dans la nuit obſcure
S'égaroit; bientôt Catin
Le remit dans ſon chemin.
La bonne aventure &c.

COTERET.

Nicette un jour, en dormant,
Deſſus la verdure,
Vit en ſonge ſon amant
Qui lui parloit tendrement;
La bonne aventure &c.

LA RAMÉE.

Quand on boit ſoir & matin,
La femme en murmure;
Mais, quand on revient en train,
L'on ſçait calmer ſon chagrin.
La bonne aventure &c.

SECOND VAUDEVILLE.

LESCARPIN.

LA RAMÉE.

Fanchon vouloit prendre un Mari,
Margoton lui dit, ma Commere,
Quelle sottise allez-vous faire ?
Prenez plutôt un Favori :
Pour passer doucement la vie,
Faut s'enrôler sous la Folie.

COTERET.

Jeunes Filles, quand un vieillard
Vient vous prier d'être sa femme,
Ne rebutez jamais sa flamme ;
(L'Amour trouve son compte à part)
Pour passer doucement la vie,
Faut s'enrôler sous la Folie.

PERETTE.

On dit que c'eſt perdre raiſon,
Que vouloir ſe mettre en ménage.
Au Dieu de l'Hymen je m'engage,
En dépit du qu'en-dira-t-on.
Pour paſſer doucement la vie,
Faut s'enrôler ſous la Folie.

TALON.

Foin des Amans trop langoureux;
On eſt trompé dans cette emplette.
Fillettes, imitez Perette,
Choiſiſſez un Mari joyeux:
Pour paſſer doucement la vie,
Faut s'enrôler ſous la Folie.

COTERET, *au Public.*

Meſſieurs, l'Auteur eſt un peu fou,
Et s'il n'obtient votre ſuffrage,
Il va peut-être dans ſa rage,
Riſquer de ſe caſſer le cou.
Mais pour empêcher qu'on le lie,
Applaudiſſez à ſa Folie.

La Piéce eſt terminée par un Divertiſſement.

FIN.

J'AI lu, par ordre de Monſeigneur le Chancelier, un manuſcrit, qui a pour titre : *Le Savetier Joyeux*, *Opera-Comique*, & j'ai cru qu'on pouvoit en permettre l'impreſſion. Ce 16 Février 1759.

BRET.

www.ingramcontent.com/pod-product-compliance
Lightning Source LLC
LaVergne TN
LVHW012013160826
845678LV00002B/802

* 9 7 8 2 3 2 9 6 6 8 8 8 8 *